Conoce nuestra Constitución

Secretaría de Educación Pública
Josefina Vázquez Mota

Subsecretaría de Educación Básica
José Fernando González Sánchez

Dirección General de Materiales Educativos
María Edith Bernáldez Reyes

Textos
Ana Laura Delgado
Margarita González

Asesoría legal
Bernardo Bolaños

Supervisión técnica y pedagógica
Dirección General de Materiales y Métodos Educativos
de la Subsecretaría de Educación Básica
y Normal, de la Secretaría de Educación Pública

Coordinación del proyecto
Santiago Bolaños

Coordinación editorial
Ana Laura Delgado

Cuidado editorial
Martha Poblett
María Ángeles González

Ilustración
Martha Avilés

Producción y diseño
Grupo Editorial Siquisirí, S.A. de C.V.

Formación electrónica
Marco Antonio Ponce Perea
Humberto Brera
Rosario Ponce Perea
Sergio Sánchez

Agradecemos la colaboración del Instituto de Investigaciones Jurídicas de la UNAM, de Germán Fernández Aguirre, Carmen Quintanilla, María de la Luz Ruiz Mariscal, Luis Vega y Jesús Orozco.

Primera edición, 1997
Segunda edición, 2008
Tercera edición, 2011 (ciclo escolar 2011-2012)

D.R. © Secretaría de Educación Pública, 1997
     Argentina 28, Centro,
     06020, México, D.F.

ISBN 978-607-469-666-0

Impreso en México
DISTRIBUCIÓN GRATUITA-PROHIBIDA SU VENTA

Índice

Presentación

Este nuevo material educativo está destinado a las niñas y los niños que cursan los grados cuarto, quinto y sexto de la educación primaria.

Conoce nuestra Constitución ha sido producido y distribuido por el Gobierno de la República, a través de la Secretaría de Educación Pública, con el propósito de que los alumnos y maestros de educación primaria dispongan de un material atractivo y claro para aprender, enseñar y comprender los principios de la ley fundamental de los mexicanos.

El conocimiento de nuestras leyes más importantes, y de los derechos y deberes de los habitantes de nuestro país es una parte esencial de la formación cívica y ética de los alumnos, considerada en el plan de estudios de la educación primaria. Sin embargo, el aprendizaje de esos temas no es fácil, porque en las leyes se utilizan conceptos complejos y términos técnicos que, con frecuencia, están más allá de la capacidad de verdadera comprensión de las niñas y los niños que asisten a la escuela primaria.

Por esa razón, desde hace tiempo era necesario un material de trabajo escolar que, sin deformar el significado de la Constitución y sus artículos fundamentales, ofreciera

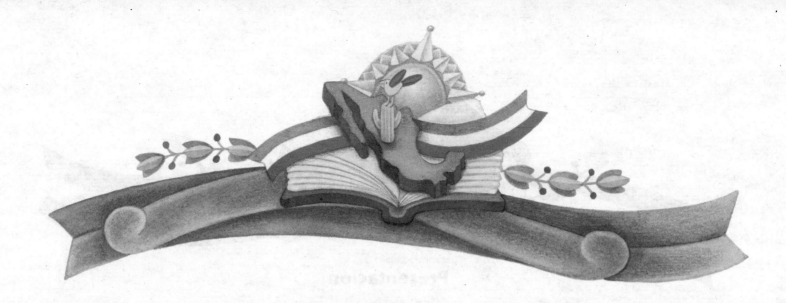

explicaciones sencillas y precisas sobre nuestra ley principal, utilizando
un lenguaje comprensible y recursos gráficos atractivos. Asimismo, con el propósito
de facilitar su estudio, en este libro los preceptos constitucionales han sido agrupados
en grandes temas, siguiendo, hasta donde fue posible, el orden que lleva la
Constitución. Si el maestro desea una información más amplia que la que contienen las
explicaciones de este libro, al pie de cada página encontrará la referencia a los artículos
constitucionales correspondientes.

Como *Conoce nuestra Constitución* trata distintos temas comprendidos en los programas
de estudio de los últimos tres grados de la educación primaria, los niños deberán
conservar y cuidar su libro, que utilizarán hasta terminar el sexto grado.

Un propósito central de este material es difundir la idea de que la Constitución es más que
un libro, en el que se define nuestra forma de gobierno y organización política,
y se establecen los derechos y deberes de los mexicanos. Es necesario
que los niños y los adultos se den cuenta de que en la Constitución se expresan

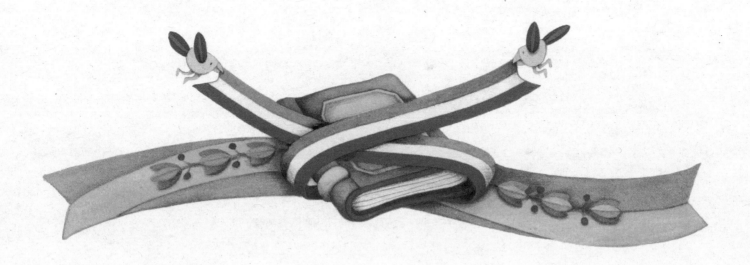

los valores que los mexicanos apreciamos y los que queremos ver reflejados en las relaciones entre las personas y en la vida social: la justicia, la libertad, la democracia y el respeto a los derechos de todos.

Esperamos que este libro apoye el aprendizaje de los alumnos y sea un recurso valioso para el trabajo de los maestros. Asimismo, confiamos en que las madres, los padres y otros familiares de los alumnos se beneficien con la información aquí incluida.

Los materiales educativos deben ser mejorados regularmente, a partir de la evaluación del aprendizaje de los niños y de las experiencias en el salón de clases. Para que esta tarea tenga éxito, son indispensables las opiniones de los maestros y de los niños que trabajarán con este libro, así como las sugerencias de madres y padres de familia que comparten con sus hijos las actividades escolares. La Secretaría de Educación Pública necesita sus recomendaciones y críticas. Estas aportaciones serán estudiadas con atención y servirán para que el mejoramiento de los materiales educativos sea una actividad sistemática y permanente.

La Constitución

En la Constitución se nombra o denomina a nuestro país Estados Unidos Mexicanos; nosotros lo nombramos México o República Mexicana.

¿Cómo saben que así se llama?

Porque lo dice la Constitución.

Y, ¿qué es la Constitución?

CONSTITUCIÓN POLÍTICA DE LOS ESTADOS UNIDOS MEXICANOS 1917

La Constitución es la ley más importante que hemos escrito los mexicanos a lo largo de nuestra historia. Nos dice cómo debemos comportarnos, vivir juntos en nuestro territorio y encontrar soluciones a nuestros problemas y, también, la manera como debe funcionar nuestro gobierno.

En la Constitución se establece que los mexicanos somos libres y que podemos decidir cómo queremos que nos gobiernen, así como nuestra independencia de otros países. Por eso decimos que la soberanía está en el pueblo.

La nación mexicana es la dueña original de las tierras y aguas que hay en nuestro territorio.

Todos somos responsables de la riqueza natural de nuestro país y del equilibrio ecológico.

GOBIERNO

Algo que hay que aprender es que en nuestra Constitución se reconocen los derechos más importantes que tenemos los mexicanos. También se llaman derechos humanos fundamentales. Un ejemplo de ello, es que las personas podemos tener propiedades y usarlas en beneficio propio y de los demás.

Hay actividades económicas a las que no pueden dedicarse los particulares, como hacer monedas y billetes, o extraer petróleo.

Ésas sólo le corresponden al gobierno mexicano.

México es una nación formada por muchas culturas, es pluricultural.

Mis primos de Veracruz tienen sus propios gustos y costumbres.

Por eso me gusta viajar, para conocer la diversidad de México.

Nuestra nación está sustentada originalmente en los pueblos indígenas. El Estado mexicano debe proteger y fomentar sus lenguas, costumbres y tradiciones.

Art. 2o

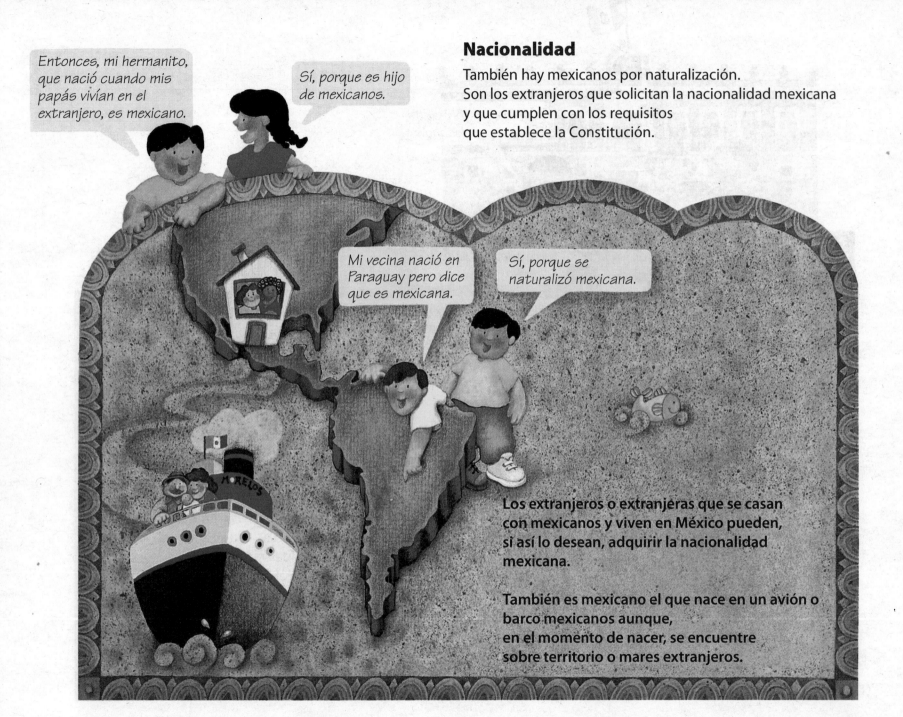

Nacionalidad

También hay mexicanos por naturalización.
Son los extranjeros que solicitan la nacionalidad mexicana
y que cumplen con los requisitos
que establece la Constitución.

Los extranjeros o extranjeras que se casan
con mexicanos y viven en México pueden,
si así lo desean, adquirir la nacionalidad
mexicana.

También es mexicano el que nace en un avión o
barco mexicanos aunque,
en el momento de nacer, se encuentre
sobre territorio o mares extranjeros.

Art. 30

La Constitución, además de reconocer nuestros derechos, nos dice también cuáles son nuestras obligaciones. Por ejemplo, los padres o tutores deben enviar a los niños a la escuela para que éstos reciban la educación básica.

También debemos pagar impuestos.

Para que el gobierno construya escuelas, carreteras, hospitales y muchas otras cosas que necesitamos.

Además, al cumplir 18 años, los mexicanos podemos y debemos votar para elegir a nuestros gobernantes y representantes porque ya somos ciudadanos.

Pero esos derechos se pueden suspender para los que están en la cárcel o para quienes huyen de la justicia.

Votar y defender a nuestro país son, al mismo tiempo, derechos y obligaciones.

Voto

Derechos humanos fundamentales

La Constitución, además de reconocer nuestros derechos fundamentales, nos otorga formas para protegerlos. La Constitución protegerá siempre nuestro derecho a la vida, la salud, la libertad, la educación, la igualdad entre personas, entre otros muchos derechos humanos fundamentales.

¿También protegen a los extranjeros que viven en México?

Sí. Por ejemplo, los niños extranjeros pueden ir a las escuelas mexicanas.

También se llaman Derechos Humanos y todos gozamos de ellos sin distinción de raza, sexo o nacionalidad.

Los derechos humanos nos permiten vivir seguros y en paz con toda la gente.

Una de las formas que otorga la Constitución para proteger nuestros derechos fundamentales es lo que llamamos el Juicio de Amparo, que nos defiende de actos o resoluciones de autoridades que lesionan sin razón nuestros derechos.

La Comisión Nacional de los Derechos Humanos (CNDH) es la encargada de proteger los Derechos Fundamentales. Cuando vamos a quejarnos, la Comisión investiga y si las autoridades resultan culpables, les recomienda que corrijan sus faltas.

Arts. 102 B, 103, 107 y 122 G.

Garantías individuales

Cuando nuestros derechos humanos fundamentales son reconocidos por la Constitución, éstos se convierten en lo que llamamos *garantías individuales*. Por ejemplo, son garantías individuales manifestar libremente nuestras ideas y creencias o decidir dónde queremos vivir dentro del territorio mexicano.

La Constitución establece en sus primeros 29 artículos que todos los mexicanos gozamos de las garantías individuales y nos dice que ningún individuo es más importante que otro.

Y las autoridades deben tratar a todas las personas por igual sea moreno, güero, hombre o mujer, rico o pobre o de otra preferencia sexual.

Es cierto, hombres y mujeres somos iguales ante la ley, por eso en México no hay esclavos ni nobles.

La Constitución garantiza un gran espacio de libertad para cada individuo: todos podemos pensar, decir, oír, escribir o hacer lo que queremos, siempre que no dañe a los demás.
Por ejemplo, tenemos libertad de expresión.

Otro derecho o garantía individual que tenemos es poder escoger libremente el trabajo en el que deseemos ocuparnos y recibir un pago justo.

Por eso, todos los mexicanos debemos trabajar, ya que es un derecho y un deber con la sociedad.

Siempre que nuestro trabajo no sea una actividad que prohíban las leyes, como robar.

abarrotes

TAXI

También tenemos libertad de transitar por el territorio nacional.

Cuando tenemos algún problema que afecte nuestra vida, integridad o propiedad, tenemos el derecho o garantía individual de solicitar justicia a un juez, para que resuelva de manera pronta y eficaz nuestro problema. La Constitución prohíbe que la gente use la violencia para resolver diferencias o reclamar sus derechos.

La Constitución impide que las autoridades realicen actos en contra de nuestras libertades. Por ejemplo, antes de encarcelar a una persona o privarlo de sus propiedades se le debe realizar un juicio ante la autoridad.

Así como los jueces son los únicos encargados de impartir justicia, los únicos autorizados para investigar los delitos son los agentes del Ministerio Público y los policías que los auxilian.

Otro derecho que nos da la Constitución es la libertad de creencias. Podemos elegir nuestra religión o no creer en ninguna. Además, la Constitución separa las actividades de las iglesias de las responsabilidades del Estado. Por eso la educación que imparte el Estado es laica.

Derechos sociales

Nuestra actual Constitución, promulgada el 5 de febrero de 1917, recogió las causas sociales más importantes por las que se luchó durante la Revolución Mexicana y las transformó en garantías sociales.

Constitución 5 de febrero de 1917

DERECHOS SOCIALES

La Constitución de México fue la más avanzada de su tiempo pues, entre otras cosas, fue la primera en incluir los derechos sociales.

Los derechos sociales señalan las obligaciones del Estado con grupos de individuos que necesitan protección especial: los niños, las mujeres, los pueblos indígenas, la familia, los campesinos y los trabajadores.

En su artículo 3º, la Constitución establece que todos tenemos derecho a recibir educación. El Estado tiene la obligación de impartir la educación preescolar, primaria y secundaria. La educación es gratuita y laica, pues respeta las creencias religiosas.

En la escuela deben enseñarnos los descubrimientos de la ciencia, el amor a la patria y la justicia, a convivir de manera democrática y a valorar los recursos humanos, naturales y materiales con los que cuenta nuestra nación.

Así como las garantías individuales protegen los derechos fundamentales del individuo, las garantías sociales protegen los derechos fundamentales de toda una colectividad.

Gracias a la educación, amamos más a nuestra Patria y apreciamos a las personas y a las naciones del mundo.

Y para convivir mejor, debemos aprender a solucionar nuestros problemas.

Es decir, que convivimos.

Para vivir mejor, hay que organizarnos con los demás y ayudarnos.

Y respetarnos, aunque pensemos de manera diferente.

Los niños tienen derecho a estudiar, a jugar y a desarrollarse sanos, por eso la Constitución, en el artículo 123, prohíbe que los menores de 14 años trabajen.

Arts. 3o, 123

En el artículo 27, la Constitución tomó en cuenta las causas de los campesinos que lucharon durante la Revolución. Por eso ordenó que se repartiera la tierra y permitió que los campesinos trabajaran unidos en comunidades agrarias o ejidos.

ARTÍCULO 27

Antes de la Revolución, las tierras estaban en manos de unos cuantos que explotaban a los campesinos.

Comunidad San Martín

En el artículo 123 de la Constitución, se reconoce el derecho de toda persona a un trabajo digno y en condiciones justas. Por ejemplo, ordena que se trabaje en lugares limpios y seguros; que todos reciban salario suficiente para los gastos de la familia, pago de vacaciones y aguinaldo.

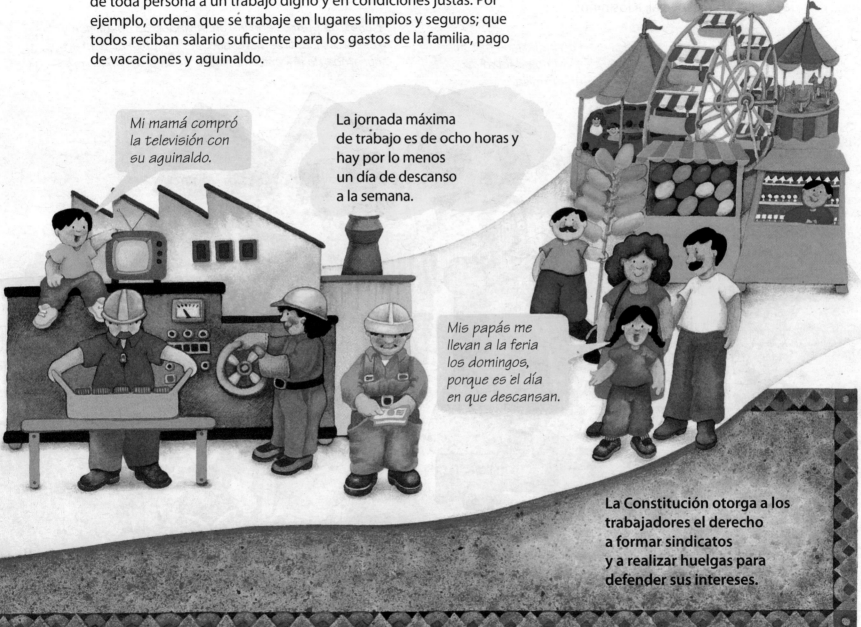

Mi mamá compró la televisión con su aguinaldo.

La jornada máxima de trabajo es de ocho horas y hay por lo menos un día de descanso a la semana.

Mis papás me llevan a la feria los domingos, porque es el día en que descansan.

La Constitución otorga a los trabajadores el derecho a formar sindicatos y a realizar huelgas para defender sus intereses.

En cumplimiento de la Constitución, el Estado ha creado instituciones para dar la atención necesaria a la familia y, en especial, a los niños.

Toda persona tiene derecho a la protección de la salud. La seguridad social sirve para dar atención médica a los enfermos y ayuda económica a las personas que no pueden trabajar porque sufrieron accidentes o porque son ancianos.

La gente sana y joven aporta dinero para jubilarse cuando llegue a la vejez o para atenderse el día en que se enferma.

Si un individuo tiene enfermedades o accidentes, el esfuerzo de los demás lo protege.

Por eso dicen que la unión hace la fuerza.

Además de los hospitales y las guarderías, existen instituciones de seguridad social que apoyan a los trabajadores para que tengan una vivienda digna.

Territorio

La Constitución se refiere a nuestro país como Estados Unidos Mexicanos porque está formado por 31 estados y un Distrito Federal, que se han unido para integrar una federación. Cada estado tiene su propio un gobierno y una Constitución local que tiene que estar acorde con la Constitución General de nuestra República Mexicana, a la que se le llama Constitución Federal.

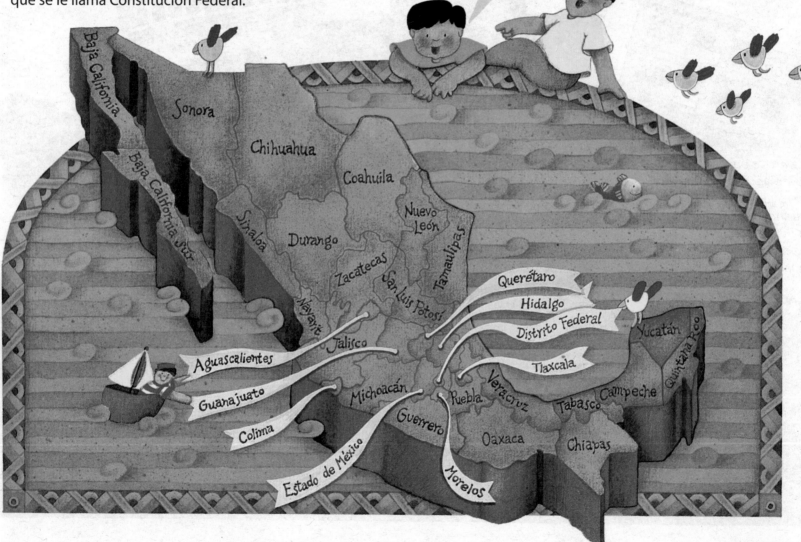

Arts. 27, 40, 42, 43, 44, 45 y 47

El suelo y el subsuelo abarcan la superficie de los 31 estados, el Distrito Federal, y todas las islas e islotes mexicanos. También abarca el suelo bajo el mar que rodea a nuestro país. Este suelo marino se llama plataforma continental.

El agua abarca los ríos, lagos, lagunas y corrientes subterráneas. También incluye a los mares que rodean a nuestras costas. Esa región se llama zona económica exclusiva, o mar patrimonial.

Nuestro espacio aéreo es el que se encuentra sobre suelos y mares mexicanos.

Arts. 27 y 42

El gobierno

Nuestro gobierno se encarga de vigilar que se cumpla la Constitución, y de garantizar que todas las personas vivan seguras y libres. Con este propósito, nuestro gobierno está formado autoridades que se encargan de dirigir, controlar y administrar las instituciones que conforman el Estado.

Es democrático porque los ciudadanos eligen a sus gobernantes, reflejando la voluntad de la mayoría de los ciudadanos.

En la escuela, yo voté para elegir al jefe del grupo.

Pero todavía no eres ciudadano. Lo serás cuando cumplas 18 años; entonces, podrás votar en las elecciones del país.

Nuestro gobierno es representativo porque elegimos a otras personas para que nos gobiernen y representen.

Nuestros gobernantes deben atender nuestras necesidades y resolver los problemas del país.

Hay países monárquicos, es decir, que están gobernados por reyes.

No los elige el pueblo, sino que heredan el trono y ejercen el poder toda su vida, si así lo quieren.

Hay otros países dominados por dictaduras, que son gobiernos impuestos por la fuerza, donde no participa el pueblo.

En las dictaduras, el pueblo no puede decir lo que piensa. Ni quejarse siquiera.

En cambio, en México decidimos entre todos lo que hay que hacer.

Por eso somos un Estado democrático.

México es una república federal porque está formado por estados o entidades federativas y juntos integran la federación. El gobierno de cada estado es autónomo, es decir, libre.

En cada estado se elige al gobernador y a los representantes, y cada estado tiene su propia Constitución, con leyes que se adaptan a sus necesidades.

Entonces, ¿los estados son libres para tener reyes o dictadores?

No, porque deben cumplir lo que señala la Constitución Federal.

Pero las constituciones de los estados respetan la Constitución Federal que rige al país entero.

Arts. 115, 116, 120 y 121

41

Los tres poderes

El artículo 49 de la Constitución divide al gobierno en tres poderes: el Legislativo, el Ejecutivo y el Judicial. Esta división es como un juego de balanzas que mantiene el equilibrio del poder.

Así se evita el abuso de los gobernantes, pues cada uno tiene funciones claramente delimitadas.

Entre los tres se controlan mutuamente.

Leyes

El Poder Legislativo se encarga de elaborar las leyes que rigen al país.

El presidente de la República ejerce el Poder Ejecutivo y tiene que gobernar de acuerdo con lo que dicen las leyes.

El Poder Judicial está encargado de vigilar que la Constitución se cumpla y de resolver los conflictos que surgen entre las personas.

Arts. 41 y 49

Poder Legislativo Federal

La principal función del Poder Legislativo es elaborar nuevas leyes o reformar las que ya existen para que se adapten a los cambios sociales.

Al Poder Legislativo de todo el país también se le llama Congreso de la Unión o Poder Legislativo Federal.

El Congreso de la Unión está integrado por dos grupos de personas: la Cámara de Diputados y la Cámara de Senadores, que se encargan de discutir y de hacer las leyes. Están formadas por 500 diputados y 128 senadores.

Las leyes federales se discuten primero en una Cámara y después se revisan en la otra.

¿Por eso hay dos Cámaras?

Sí. Como las leyes federales son obligatorias en todo México, participa mucha gente en su aprobación.

Cámara de Diputados

Cámara de Senadores

Leyes

Arts. 50-79

43

Además de elaborar las leyes, los diputados y senadores vigilan las actividades del Poder Ejecutivo Federal. Cada año, el presidente rinde un informe por escrito al Congreso de la Unión, donde da cuenta de la situación del gobierno. Es costumbre que el presidente lo lea, y que se transmita por radio y televisión a todo el país.

Gracias al informe, los miembros del Poder Legislativo estudian y discuten las actividades y proyectos del Poder Ejecutivo.

Así, todos sabemos qué hizo nuestro gobierno.

Los colaboradores del presidente también rinden informes ante las Cámaras y pueden ser llamados a responder preguntas sobre los asuntos que les corresponden.

El Poder Legislativo aprueba los ingresos y los gastos del gobierno.

Cuando las dos Cámaras aprueban un proyecto legislativo, lo envían al presidente para que lo publique y podamos conocer y cumplir con la nueva ley.

PROYECTO DE LEY

NUEVA LEY

¿Todos deben obedecer esa ley?

¡Desde luego! Toda la gente debe cumplirla, incluyendo a las autoridades.

Por eso vivimos en un Estado de Derecho, es decir, de leyes.

El Poder Ejecutivo Federal

El presidente ejecuta las leyes y lo elige el pueblo, ¿verdad?

Sí, las elecciones presidenciales se realizan cada seis años. Y la Constitución prohíbe la reelección.

Eso quiere decir que una persona sólo puede ser presidente una vez en su vida.

El presidente es el jefe superior del ejército, la armada y la fuerza aérea. Él puede declarar la guerra a otros países.

La Constitución dice también que se debe trabajar por la paz y luchar para que los países resuelvan pacíficamente sus problemas.

Pero para declarar la guerra necesita que el Congreso lo autorice con una ley.

¡Ah!, por eso en México gobierna la ley.

Arts. 80-89

47

El presidente también dirige las relaciones con otros países: firma con ellos los tratados internacionales y, con la autorización del Congreso, regula las importaciones y exportaciones.

El presidente nombra a sus colaboradores más cercanos, que son los secretarios de Estado. Asimismo puede sustituirlos en cualquier momento. Ellos se encargan, entre otras cosas, de la salud, el turismo, la ecología, la educación, el comercio, el desarrollo social, la energía, la paz dentro del país, las comunicaciones, el campo, la recaudación de impuestos, el trabajo y las relaciones con otros países.

En cambio, hay otros nombramientos que el presidente decide con la aprobación del Senado.

Sí, como el de Procurador General de la República, los embajadores y cónsules generales, y los oficiales del ejército, la armada y la fuerza aérea, entre otros.

Arts. 89-93

49

Poder Judicial Federal

El Poder Judicial de la Federación está encargado de vigilar el cumplimiento de la Constitución y las leyes.

¿Y cómo lo hace?

De dos maneras. En primer lugar, resuelve muchos problemas legales, ya sea entre particulares o entre particulares y autoridades. También resuelve los problemas o controversias entre estados, municipios, el Distrito Federal y la Federación.

El Poder Judicial siempre se basa en la ley para resolver las controversias.

Arts. 103-107

En segundo lugar, el Poder Judicial Federal vigila que la Constitución sea la ley suprema y que no haya ninguna ley o norma que la contradiga. Cuando una autoridad o una ley están en contra de la Constitución, podemos ir al Poder Judicial y pedir amparo.

¿Recuerdas que el amparo sirve para proteger los derechos que otorga la Constitución?

Sí, y esos derechos son de todas las personas.

El amparo protege sólo al individuo que lo pide.

CONSTITUCIÓN POLÍTICA DE LOS ESTADOS UNIDOS MEXICANOS

derecho de amparo

Además, cuando el Poder Legislativo elabora una ley que es contraria a la Constitución, un grupo de legisladores o el Procurador General de la República pueden pedirle a la Suprema Corte de Justicia que declare la inconstitucionalidad de la nueva ley, o sea, que le quite validez.

Arts. 103, 105, 107

El Poder Judicial Federal está formado por la Suprema Corte de Justicia de la Nación, el Tribunal Electoral, los Tribunales Colegiados y Unitarios de Circuito y los Juzgados de Distrito. También lo integra el Consejo de la Judicatura Federal que se encarga de la administración, vigilancia y disciplina de los servidores públicos que forman el Poder Judicial.

La Suprema Corte de Justicia de la Nación es el máximo tribunal que existe en nuestro país y su función principal es hacer cumplir la Constitución, por eso se dice que es un Tribunal Constitucional. También resuelve los conflictos que surgen entre las autoridades municipales, estatales y federales a través de lo que se conoce como controversias constitucionales.

TRIBUNALES COLEGIADOS

TRIBUNALES UNITARIOS DE CIRCUITO

CONSEJO DE LA

JUZGADOS DE DISTRITO

JUDICATURA FEDERAL

SUPREMA CORTE DE JUSTICIA

Los ministros y los demás jueces son independientes del presidente, de los diputados y los senadores.

Sí, porque forman otro poder.

El federalismo

México es una república federal. Esto quiere decir que nuestro país está formado por diversas entidades federativas, que a su vez están formadas por municipios. Así como el Congreso de la Unión elabora leyes federales, el Poder Legislativo de cada entidad federativa formula leyes de aplicación exclusiva para su territorio y sus habitantes.

¿Y cómo sabemos a cuáles obedecer?

Todas son importantes y debemos obedecerlas, pero sus atribuciones son distintas.

Sí, las leyes federales tienen su aplicación en todo el país, como la Ley Federal del Trabajo. Si es estatal se aplica dentro del territorio de la entidad federativa, como son las leyes penales que hay en cada estado, sin que éstas sean contrarias a la Constitución.

GOBIERNO ESTATAL

GOBIERNO FEDERAL

Constitución

Hay algunas actividades en las que es necesario que participen el gobierno federal y los gobiernos estatales, por ejemplo, la educación y el cuidado del ambiente. Así como también deberán coordinarse las policías federales, estatales y municipales para garantizar la seguridad de las personas.

Gobiernos estatales

Las entidades federativas son libres y soberanas en todo lo que se refiere a su régimen interior, es decir, en aquellos temas que sólo a ellas corresponden.

Por ejemplo, cada estado es libre y soberano para regular el matrimonio o las obligaciones de nuestros padres de darnos alimento y vestido.

O la adopción de niños.

¿Y si la ley de un estado no protege a los niños?

No te preocupes. Las leyes de los estados respetan la Constitución Federal, la cual establece el deber de nuestros padres de cuidarnos.

Otros asuntos locales son la elección de gobernadores, diputados e integrantes de los ayuntamientos; los impuestos estatales y municipales; las leyes sobre el ejercicio profesional y el uso de suelo.

El gobierno de cada estado es republicano, representativo y popular. También se divide en tres poderes.

El gobernador ejerce el Poder Ejecutivo. Aplica las leyes del estado y gobierna durante seis años. No puede reelegirse.

Igual que el presidente.

Los poderes legislativos locales tienen una sola Cámara: la de diputados.

El Poder Judicial local está formado por los tribunales que establece la constitución de cada estado.

El número de diputados depende del número de habitantes que tenga el estado.

El municipio

Cada estado se divide en municipios libres.
En los municipios, la gente conoce de cerca a las autoridades, es decir, al ayuntamiento.
El presidente municipal, varios regidores y un síndico forman el ayuntamiento.
Todos ellos son elegidos por votación popular.

Los ayuntamientos gobiernan y administran cada municipio. Pavimentan las calles, proporcionan el servicio de agua potable, de alumbrado público y de alcantarillado.

Se encargan de la recolección de basura y del transporte público; expiden reglamentos de policía y buen gobierno.

Art. 115

Distrito Federal

La capital de México es el Distrito Federal o Ciudad de México. Es la sede del gobierno federal, es decir, en ella está el Congreso de la Unión, el presidente de la República y la Suprema Corte de Justicia.

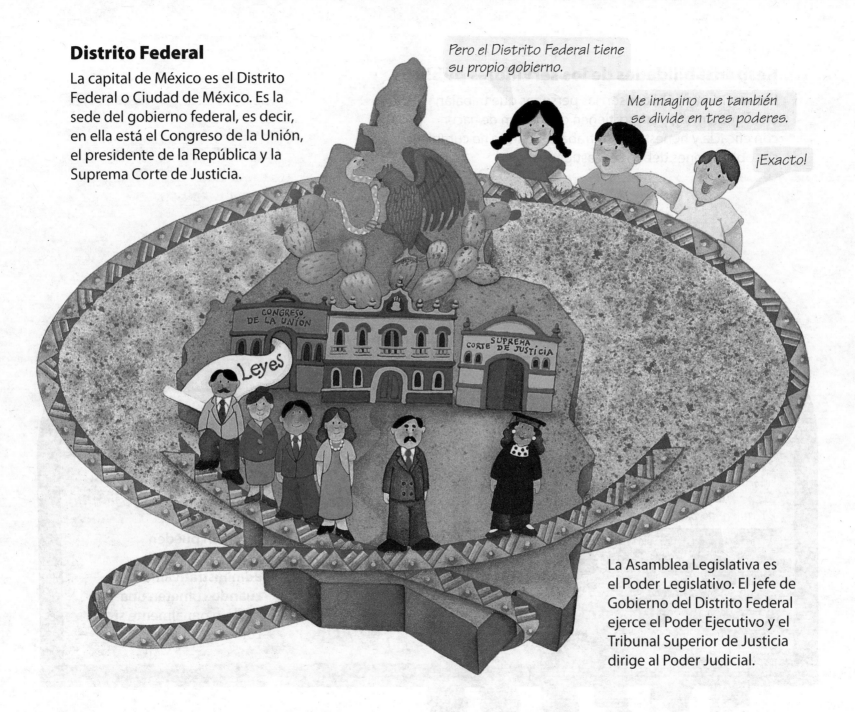

Pero el Distrito Federal tiene su propio gobierno.

Me imagino que también se divide en tres poderes.

¡Exacto!

La Asamblea Legislativa es el Poder Legislativo. El jefe de Gobierno del Distrito Federal ejerce el Poder Ejecutivo y el Tribunal Superior de Justicia dirige al Poder Judicial.

Art. 122

57

Responsabilidades de los servidores públicos

Los servidores públicos son las personas que trabajan en el gobierno y, por eso, tienen obligación de hacer con eficacia y honestidad su trabajo. Cuando no cumplen sus obligaciones deben ser castigados.

Reformas a la Constitución

Debido a la importancia que tiene la Constitución Federal, se requiere reformarla cuando los cambios sociales así lo exigen. Su reforma sigue un procedimiento distinto a la de cualquier otra ley, ya que debe ser aprobada por las dos terceras partes de los diputados y senadores presentes que forman el Congreso de la Unión y por la mayoría de los poderes legislativos de los estados. A este poder que modifica a la Constitución se le conoce como *Poder Constituyente Permanente*.

¿Nunca cambia la Constitución?

Sí, como el país cambia y cambian sus necesidades, la Constitución también se reforma.

¿Aunque sea un cambio pequeño?

REFORMA CONSTITUCIONAL

Sí, deben discutirlo las 32 legislaturas de los estados y el Congreso de la Unión. Y es que México se organiza gracias a lo que señala la Constitución. Por eso, todo México debe participar.

Art. 135

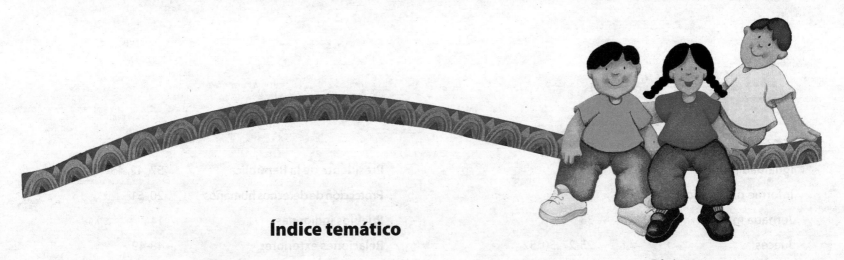

Índice temático

¡No lo olvides! Es importante conocer nuestra Constitución.

Conoce nuestra Constitución

se imprimió por encargo de la
Comisión Nacional de Libros de Texto Gratuitos,
en los talleres de Offset Multicolor, S.A. de C.V.,
con domicilio en Calzada de la Viga No. 1332,
Col. El Triunfo, C.P. 09430, México, D.F.,
en el mes de abril de 2011,
el tiraje fue de 3'132,050 ejemplares.